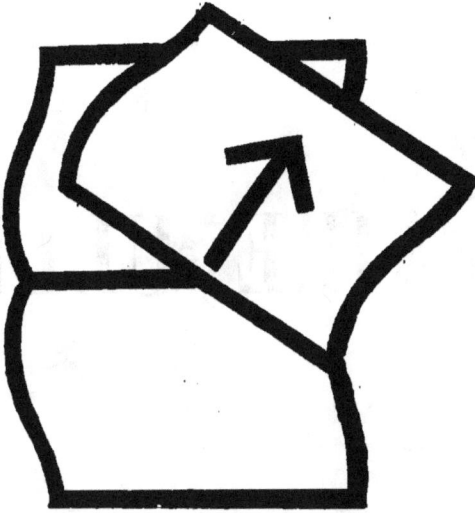

Couverture inférieure manquante

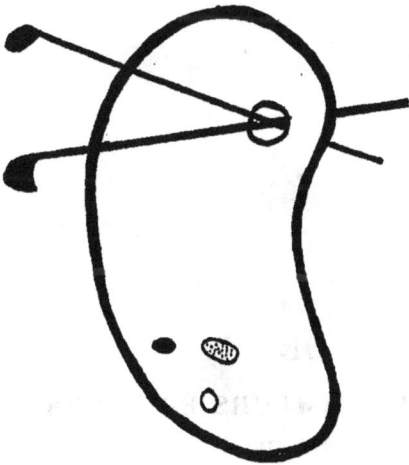

DÉBUT D'UNE SÉRIE DE DOCUMENTS
EN COULEUR

Dʳ DUPRÉ

PROFESSEUR AGRÉGÉ A LA FACULTÉ DE MÉDECINE
MÉDECIN DES HÔPITAUX ET DE L'INFIRMERIE SPÉCIALE DE LA PRÉFECTURE DE POLICE

L'AFFAIRE ULLMO

Extrait des
*Archives d'Anthropologie criminelle, de Médecine légale
et de Psychologie normale et pathologique,*
Nº 176-177, Août-Septembre 1908.

LYON

A. REY & Cⁱᵉ, IMPRIMEURS-ÉDITEURS

4, RUE GENTIL, 4

—

1908

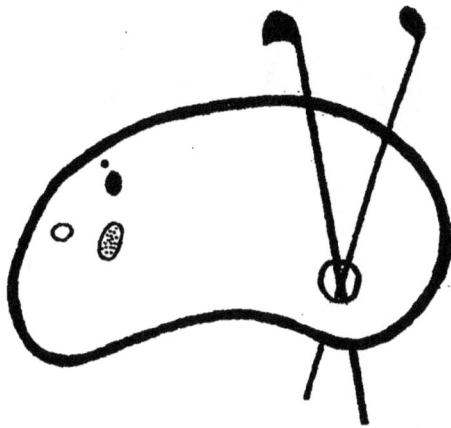

FIN D'UNE SERIE DE DOCUMENTS
EN COULEUR

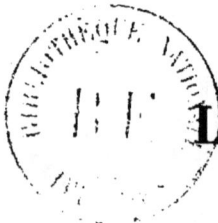

L'AFFAIRE ULLMO

Dr DUPRÉ

PROFESSEUR AGRÉGÉ A LA FACULTÉ DE MÉDECINE
MÉDECIN DES HÔPITAUX ET DE L'INFIRMERIE SPÉCIALE DE LA PRÉFECTURE DE POLICE

L'AFFAIRE ULLMO

Extrait des
*Archives d'Anthropologie criminelle, de Médecine légale
et de Psychologie normale et pathologique,*
No 176-177, Août-Septembre 1908.

LYON
A. REY & Cie, IMPRIMEURS-ÉDITEURS
4, RUE GENTIL, 4
—

L'AFFAIRE ULLMO

La dramatique histoire de trahison qui, sous le nom d'*Affaire Ullmo*, a récemment passionné l'opinion publique, a fourni, aux Experts chargés d'examiner l'accusé, l'occasion d'une étude médico-légale sur l'opiomanie et ses relations supposées avec le crime de trahison.

Commis avec le Pr Raymond et le Dr Courtois-Suffit, par M. le Juge d'Instruction Leydet, à l'examen de l'inculpé, j'ai, avec la collaboration de mes collègues, rédigé le Rapport médico-légal qui constitue l'objet de cet article.

La reproduction, dans notre préambule, du texte de l'ordonnance détaillée de M. le juge Leydet, les longs développements accordés, dans le cours de notre travail, à la biographie de l'accusé et aux circonstances de son crime, me dispensent d'exposer ici l'histoire de l'affaire. Les lecteurs désireux de connaître le côté judiciaire du procès devront se reporter à la *Revue des Grands Procès Contemporains*[1], qui a publié, avec le réquisitoire de M. le commandant Schlumberger, Commissaire du Gouvernement, la belle plaidoirie de Me Antony Aubin, avocat de l'accusé.

---

[1] *Revue des Grands Procès Contemporains :* l'Affaire Ullmo, Un procès de haute trahison, n° d'avril 1908.

1

Ils apprécieront, à la lecture de ces pages émouvantes, quels trésors de persuasion et de générosité peut mettre, au service d'une cause si ingrate, l'éloquence d'un maître du barreau.

Arrêté le 23 octobre 1907, Ullmo comparut, le 20 février 1908, devant le premier Conseil de guerre Maritime permanent, siégeant à Toulon, présidé par M. le Capitaine de vaisseau Grosse.

Le Commissaire du Gouvernement, M. le Capitaine de vaisseau Schlumberger, estimant dangereuse pour l'ordre la publicité des Audiences, demanda au Conseil, dès l'ouverture des débats, de prononcer le huis clos, conformément à l'article 143 du Code de Justice Maritime.

Après une brève réplique de M⁰ Antony Aubin, demandant la lecture, en audience publique, du Rapport de M. le lieutenant de vaisseau Devarenne, « document d'une si parfaite, d'une si haute conscience, qu'il s'impose comme la préface naturelle et publique de ce procès », et laissant le Tribunal juge d'apprécier si la publicité du Rapport accusateur n'implique pas celle de la Plaidoirie, le Conseil, par 5 voix contre 2, fait droit à la demande du défenseur et décide la publicité du Rapport de M. le lieutenant de vaisseau Devarenne et de la Plaidoirie de M⁰ Antony Aubin.

Le Conseil réserve pour le huis clos : l'interrogatoire d'Ullmo, les dépositions et le réquisitoire, avec la faculté, pour M. le Commissaire du Gouvernement, de répondre en public à la plaidoirie du défenseur.

Je résume brièvement, d'après le Rapport de M. le lieutenant de vaisseau Devarenne et les comptes rendus des débats, les faits de l'accusation :

A la fin de mai 1907, sous l'influence pressante du besoin d'argent, Ullmo, après avoir mûrement arrêté ses plans, proposait, par lettres, à l'attaché naval allemand à Paris, la vente de documents secrets, et organisait une correspondance par la voie des annonces du *Journal* sous des initiales convenues.

L'attaché naval communiqua cette lettre au service d'espionnage, dont un agent, sous le nom de Talbot, entra en correspondance avec Ullmo. Rendez-vous fut pris pour le 17 août, à l'hôtel de l'Univers, à Bruxelles. La négociation ne réussit pas et il fut établi par l'instruction qu'Ullmo ne communiqua à l'agent étranger aucun des documents, qu'il prétendait ne livrer que contre la somme de 950.000 francs, abaissée au dernier prix de 450.000 francs.

Après l'échec de sa tentative de trahison, Ullmo, toujours pressé par le besoin d'argent, organisa vis-à-vis du Ministre de la Marine une tentative de chantage, dont les conditions et le sens ressortent nettement de ces deux lettres, adressées le 9 et le 21 septembre, par l'enseigne de vaisseau, à M. le Ministre Thomson :

« Monsieur, je possède un cliché des documents suivants : 1° Code des signaux et instructions ; 2° signaux de reconnaissance et mots secrets ; 3° chenaux de sécurité des cinq ports. Je m'adresse à vous avant l'étranger. Je vous livrerai le cliché unique négatif que je possède. Je veux 150.000 francs. Si le prix vous semble trop fort, proposez votre dernier prix. Insérez à la petite correspondance du *Journal*, le plus tôt possible, la note suivante : « Paul à Pierre, accepte prix demandé ou tel prix ». Je vous écrirai ensuite de façon à échanger les pièces contre argent, en billets de mille. Si je n'ai pas de réponse dans les huit jours, je vends à l'étranger et vous devrez changer votre système de chiffrage, ce qui vous coûterait plus de temps et d'argent. Soyez sûr que je ne garderai aucune copie. Comme preuve, je puis vous donner le deuxième mot secret. »

« Je vous envoie comme preuve six de mes clichés non développés. Développez ces clichés et vous serez convaincu. Je suis pressé. Mon dernier prix est 105.000 francs. Ci-joint la façon dont je veux que s'opère la livraison. Insérez dans *Journal*, lundi matin : « Paul à Pierre, accepte prix et mode de livraison proposés. » Une fois les clichés développés, insérez mercredi au plus tard : « Paul à Pierre, je pars 9 h. 20 soir, telle date, vendredi ou samedi »; il faut en finir cette fois, ou je me servirai des clichés ailleurs. J'accepte le chiffre de 105.000 francs en billets de mille français; procédez comme suit : la porteur de la somme, contenue dans un paquet ficelé le plus petit possible, prendra le rapide de 9 h. 20 du soir, gare de Lyon pour Marseille, il quittera le train à Marseille, au moment où le train partira ; il devra être seul pour tout ce voyage. Juste avant de descendre du train, il placera le paquet dans l'armoire qui se trouve dans le lavabo situé à l'arrière de la première voiture à couloir et à boggies. Ne faites pas surveiller le train. Les clichés sont en lieu sûr. J'enverrai les clichés dès votre argent vérifié. Si l'armoire du lavabo est fermée, ce qui est probable, mettez le paquet sous la cuvette renversable qui sert à laver les mains. Ayez soin de laisser retomber la cuvette après. »

Une correspondance, par les annonces du *Journal* et de la *République du Var*, fut établie entre Ullmo et le Service de la Sûreté générale, avisé par le Ministre de la Marine : dans cet échange de vues, chacun des correspondants, précisant les manœuvres et débattant les conditions du marché, prenait ses précautions, et exigeait des garanties.

Le 1er octobre, M. le lieutenant Chardon, délégué à Toulon pour s'aboucher avec Ullmo, trouva à la poste des instructions pour l'échange de l'argent et des documents par le moyen des lavabos de wagons. Ce système ne réussit pas ; et, après d'autres propositions relatives aux moyens de s'arranger pour réaliser le marché, il fut conclu que l'agent du Ministère s'aboucherait, seul et sans armes, avec Ullmo, à un endroit précis désigné par l'enseigne de vaisseau.

L'inspecteur de la Sûreté Sulzbach se rendit, conformément aux arrangements convenus, à Toulon, téléphona à Ullmo qu'il était porteur de la somme de 105.000 francs, et prêt à la remettre contre la livraison des documents promis. Conformément aux instructions d'une lettre à lui adressée, à la poste restante, par Ullmo, M. Sulzbach se rendit à l'heure fixée au rendez-vous, dans les gorges d'Ollioules, près de Toulon.

« Au bout de quelque temps, écrit le Rapporteur, un homme, vêtu d'un cache-poussière gris, coiffé d'une casquette, le visage masqué par de grosses lunettes, s'avança vers lui, venant du côté où avait disparu l'automobile ; quand il fut à 7 ou 8 mètres de distance, M. Sulzbach l'interpella : « Etes-vous Pierre ? Je suis « Paul. » L'inconnu répondit : « Je suis Pierre ». L'inspecteur lui montra le paquet de billets de mille dont il était porteur. « Voilà, dit-il, la somme. Avez-vous les clichés ? — Oui. » A ce moment M. Sulzbach leva le bras en l'air, en disant : « Voyez, je suis seul et sans armes. » Tous deux se rapprochèrent alors. Mais l'inconnu avait les mains dans les poches de son cache-poussière. L'inspecteur lui demanda s'il n'était pas armé. L'homme sortit un revolver qu'il tourna vers M. Sulzbach, en disant : « Voici mon arme ! » La distance qui les séparait à ce moment n'était que d'un mètre. M. Sulzbach bondit sur lui ; et, sans lui laisser le temps de se reconnaître, il le terrasse et le désarme. Puis il tire en l'air deux coups de revolver, pour appeler à l'aide les agents de la Sûreté, cachés aux environs.

Aussitôt pris, Ullmo était interrogé par M. Sébille, commissaire principal, accouru à la tête des agents qui l'arrêtèrent, et avouait immédiatement son entreprise de chantage et d'escroquerie contre le Ministre de la Marine.

On sait comment, au cours de l'instruction et de l'enquête, fut révélée la tentative de trahison antérieure au chantage, grâce à la découverte, sur une dépêche de l'enseigne de vaisseau à l'agent d'espionnage étranger, de la signature d'Ullmo au bas de la mention : « Deux mots rayés nuls. »

Le rapport, après avoir rappelé le sang-froid et la ténacité avec lesquels Ullmo a prémédité et exécuté ses plans de trahison, se termine par l'exposé des conclusions de notre expertise médico-légale.

Voici le texte du Rapport médico-légal.

RAPPORT MÉDICO-LÉGAL

Nous soussignés,

Dr Raymond, professeur à la Faculté, médecin de la Salpêtrière, membre de l'Académie de médecine ;

Dr Dupré, agrégé de la Faculté, médecin des Hôpitaux et de l'Infirmerie spéciale de la Préfecture de police ;

Dr Courtois-Suffit, médecin des Hôpitaux, médecin en chef des Manufactures de l'Etat ;

Commis, le 16 novembre 1907, par une ordonnance de M. le juge d'instruction Leydet, ainsi formulée :

« Nous, Joseph Leydet, juge d'instruction au Tribunal de première instance du département de la Seine ;

« Vu l'information ouverte contre les nommés Ullmo et autres ;

« Sous l'inculpation de vol et reproduction de documents secrets ;

« Attendu qu'Ullmo demande à être soumis à un examen

médical, en alléguant l'usage excessif et prolongé de l'opium et la dépression morale qui en a été pour lui la conséquence ;

« Disons que MM. Raymond, Dupré, Courtois-Suffit procéderont à cet examen.

« MM. les Médecins légistes nous feront connaître si Ullmo a les habitudes invétérées dont il se réclame, et si, à leur avis, l'usage abusif dudit narcotique a pu, dans une certaine mesure, oblitérer chez l'inculpé la notion de ses devoirs et enchaîner son libre arbitre ;

« Observation faite que les actes relevés à la charge d'Ullmo ont commencé au mois de mai pour se poursuivre jusqu'au 23 octobre 1907, date de son arrestation.

« Paris, 16 novembre 1907.   « J. LEYDET. »

Certifions avoir, à plusieurs reprises, examiné l'inculpé, avoir consulté son dossier, avoir conféré de son cas avec M. le Juge d'instruction et nous être entourés de tous les renseignements utiles à l'accomplissement de notre mission ;

Et déclarons consigner dans le présent Rapport, fait en honneur et conscience, le résultat de notre examen et formuler les conclusions de notre expertise.

Nous allons tout d'abord exposer, d'après une note que nous a remise M. le juge d'instruction J. Leydet, les faits qui ont motivé l'arrestation d'Ullmo et l'accusation de haute trahison qui, conformément à l'article 76 du Code pénal, pèse sur cet officier.

RÉSUMÉ DES FAITS DE L'INCULPATION. — Dans le cours de septembre 1907, le Ministre de la Marine recevait un certain nombre de lettres, écrites à la machine à écrire, dont l'auteur anonyme lui proposait, avant communication à l'étranger, de lui vendre, pour 150.000 francs, les clichés de trois fascicules.

Une correspondance engagée, sous des initiales de convention, entre cet individu et la Sûreté générale, et insérée dans le *Journal*, aboutit à la remise d'un lot desdits clichés, à titre d'échantillons : on put ainsi se convaincre que des documents intéressant la Marine avaient été déplacés et photographiés.

Une plainte fut alors déposée contre le détenteur inconnu des pièces, et, à la date du 5 octobre, une information était ouverte.

Interrompu pendant quelques 'jours, l'entretien occulte fut repris, d'abord dans le *Journal*, ensuite dans la *République du Var*.

Le correspondant anonyme avait pris un ton comminatoire, faisant pressentir des représailles pour le cas où satisfaction ne lui serait pas donnée, ou sa sécurité se trouverait menacée.

Finalement, le 23 octobre, rendez-vous était pris et accepté aux environs de Toulon, aux gorges d'Ollioules, pour l'échange des clichés contre une somme de 105.000 francs.

Grâce à d'habiles mesures de la Sûreté générale, cet homme était, à l'endroit indiqué, saisi et maîtrisé, avant d'avoir pu faire usage du revolver dont il était porteur.

C'était l'enseigne de vaisseau Ullmo, Charles, Benjamin, en congé de convalescence depuis la veille et récemment débarqué du contre-torpilleur la *Carabine*, du port de Toulon.

Ullmo avoua qu'il avait, le mois précédent, déplacé pendant quelques heures trois fascicules secrets, déposés dans le coffre dont le commandant de la *Carabine* avait la garde, et ce, à l'aide d'une clef qu'il avait fait fabriquer en l'absence du commandant.

Ces documents avaient été photographiés par lui, et les clichés avaient été offerts contre argent au Ministre de la Marine par la voie de la correspondance anonyme qui avait amené son arrestation.

Interrogé sur les mobiles de ses coupables agissements, Ullmo déclara que ses dépenses et l'entretien de sa maîtresse, Lisa Welsch, excédaient le revenu dont il disposait.

L'information s'attacha à rechercher si Ullmo avait procédé, ainsi qu'il l'indiquait, dans une chambre d'hôtel à Toulon, où les fascicules avaient été transportés. L'exactitude des dires fut vérifiée, et, d'autre part, le recolement des originaux étant effectué, il fut établi que tous avaient été réintégrés à bord de la *Carabine*.

L'inculpé avait affirmé, dès le premier jour, n'avoir pas de complices.

Les investigations faites dans cet ordre d'idées, ne confirmèrent point les suspicions qui s'étaient d'abord portées sur Lisa Welsch, qui vivait avec Ullmo, dans la villa Gléglé, au Mourillon. Mais un voyage fait par l'enseigne à Paris, du samedi 17 au lundi 19 août, pour des raisons imprécises, apparut comme laissant place à des pourparlers possibles entre Ullmo et des intermédiaires.

On se préoccupait aussi des menées occultes à Toulon, et aux alentours de notre grand port de guerre, d'un ex-agent d'espionnage, du nom d'André, depuis le mois de juin.

Sur ces données, des recherches furent entreprises à la Poste de Toulon. Un laborieux dépouillement de milliers de télégrammes amena la découverte de deux télégrammes, adressés de Toulon, les 12 et 14 août, à un agent étranger, et impliquant sans nul doute un marchandage au sujet de documents intéressant la défense nationale. Ces dépêches anonymes étaient d'une écriture déguisée ; mais l'une d'elles portait en renvoi une signature, tracée manifestement de la main d'Ullmo.

En présence de ces constatations impressionnantes et accablé par l'énormité de son crime, Ullmo fit de nouveaux aveux. Il reconnut que, dès la fin de mai, et toujours sous la pression de besoins d'argent, il avait offert, par une correspondance secrète, à l'étranger, les trois documents déposés dans le coffre de la *Carabine*. Au retour des manœuvres, en fin juillet, la partie avait été liée, et enfin rendez-vous pris dans un hôtel de Bruxelles.

Le commandant de la *Carabine* étant parti en congé le 14 août, Ullmo avait, comme second, à partir de cette date, la possession des documents secrets. Il mit à profit cette situation, pour se rendre à Paris, le dimanche 18 août, et de là à Bruxelles le même jour.

L'entrevue eut lieu, mais le chiffre considérable demandé par Ullmo pour sa trahison aurait fait échouer l'affaire, et Ullmo repartit le lendemain soir pour Toulon sans avoir même, prétend-il, communiqué les documents. L'agent étranger aurait depuis gardé le silence, et c'est alors qu'Ullmo se serait retourné du côté du ministre.

Ce Rapport, consacré à l'étude médico-psychologique d'Ullmo, considérée surtout dans les relations qui peuvent exister entre les actes criminels de l'inculpé et ses habitudes de fumer l'opium, est ainsi divisé :

Antécédents héréditaires de l'inculpé.

Examen physique et antécédents personnels.

Etude de l'intoxication de l'accusé par la fumée de l'opium.

Effets ressentis par Ullmo sous l'influence de l'opium, d'après ses déclarations orales et écrites.

Rapports établis par Ullmo entre ses actes criminels et les troubles psychiques déterminés chez lui par l'opium.

Discussion des allégations d'Ullmo sur les effets de l'opium et le rôle de l'intoxication dans le déterminisme de ses actes. Considérations sur l'opiomanie.

Conclusions.

ANTÉCÉDENTS HÉRÉDITAIRES D'ULLMO. — Interrogé sur ses antécédents de famille Ullmo ne nous a personnellement fourni que peu de renseignements. Son père serait mort, à 61 ans, artério-scléreux et diabétique. Sa mère aurait succombé, à 56 ans, d'une tumeur au foie. L'accusé a deux sœurs, actuellement bien portantes, mariées, de 28 et de 32 ans ; l'aînée a un enfant.

Mais nous possédons, par l'entremise spontanée d'un ami des Ullmo, qui connaît très bien la généalogie de toute la famille de l'accusé, une série de renseignements, remontant jusqu'à la cinquième génération, et que nous résumons, en passant les noms sous silence, dans le tableau suivant ; chaque membre de la famille, signalé comme ayant été atteint d'aliénation mentale, est encadré d'un gros trait.

Ce tableau montre, à première vue, qu'on trouve dans la famille de l'accusé huit personnes ayant présenté des troubles psychiques, si l'on remonte jusqu'à la cinquième génération, dont le membre le plus ancien, représenté par A, serait mort fou avant 1800.

Nous avons institué une enquête auprès des parents d'Ullmo, pour avoir des détails sur les antécédents psychopathiques qu'on nous signalait. Une seule personne a répondu à notre appel, D[2], et nous a confirmé que sa mère C[1] avait offert, à deux reprises, des troubles nerveux et mentaux, à la suite d'un accouchement et d'une vive émotion.

Ullmo confirme lui-même l'existence de la folie chez son cousin germain E[4], mort à Lyon vers l'âge de 30 ans, dans une maison d'aliénés. On sait d'ailleurs combien il est difficile de se renseigner auprès des familles sur les véritables antécédents héréditaires, principalement en matière d'aliénation mentale. Aussi, acceptons-

nous, comme sincères et sensiblement véridiques, les renseignements généraux qui nous ont été communiqués. Il résulte de ces
données qu'Ullmo appartient à une famille névropsychopa-
thique dans laquelle, en remontant jusqu'à la fin du XVIIIe siècle,
à la cinquième génération, on trouve huit aliénés.

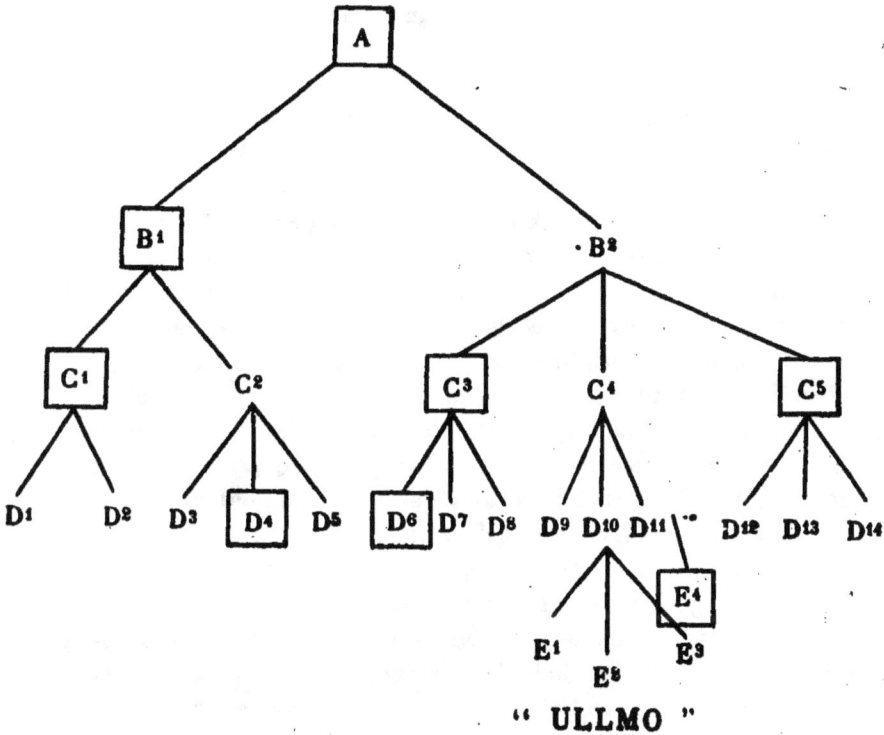

" ULLMO "

Quelque précieux et intéressants que soient, pour l'aliéniste,
de tels renseignements, nous ferons remarquer ici que, si l'on
instituait une enquête aussi lointaine et aussi détaillée sur l'ascen-
dance et la collatéralité de tous les criminels, on aboutirait
presque toujours à des résultats positifs et à la démonstration, par
les tableaux généalogiques, d'une vérité que la clinique criminelle a depuis longtemps établie ; à savoir la notion de la parenté
qui, sur le terrain étiologique des anomalies mentales, unit le
crime et la folie. Mais, si ces deux produits peuvent sortir du

même sol, il ne s'ensuit pas qu'ils soient semblables dans leur nature et leurs manifestations, devant l'observation clinique, ni qu'ils soient équivalents dans leur déterminisme et leurs conséquences devant l'appréciation médico-légale. Aussi, retenant du dossier généalogique de l'inculpé, que celui-ci compte dans sa famille quelques aliénés, il nous reste à établir, par l'examen du sujet, si Ullmo lui-même est malade et si son acte criminel relève d'un état pathologique de nature constitutionelle ou d'origine toxique.

EXAMEN PHYSIQUE ET ANTÉCÉDENTS PERSONNELS DE L'INCULPÉ. — Charles-Benjamin Ullmo est un jeune homme de 25 ans et 9 mois, de robuste complexion, de taille moyenne et dont les apparences générales sont celles d'une excellente santé physique. L'examen viscéral confirme cette première impression, en révélant l'absolue intégrité des organes et des fonctions. L'exploration soigneuse du système nerveux ne décèle aucune altération des centres ni des conducteurs périphériques : la motricité, la sensibilité, la réflectivité, la nutrition, la vaso-motricité, etc., les fonctions sensorielles, etc., sont normales : la pupille, des deux côtés, est régulière, de diamètre moyen, et réagit avec promptitude et ampleur à la lumière, à l'accommodation et à la douleur.

Il existe un très léger degré de varicocèle à gauche.

La recherche attentive des stigmates physiques de dégénérescence est négative. On ne constate, en effet, aucune malformation cranienne, et, en dehors d'une adhérence partielle du lobule de l'oreille gauche, et de légères irrégularités dans la denture, aucune asymétrie morphologique. Le crâne, recouvert de cheveux châtain-clair courts et frisés, est franchement brachycéphale. Le visage, aux traits réguliers et nettement dessinés, aux proportions harmonieuses, et de type sémitique, offre dans la clarté de son regard et la sobriété de sa mimique, l'expression d'une intelligence lucide et réfléchie, d'un caractère calme et, d'une manière générale, d'une nature réservée et difficile à pénétrer.

Interrogé sur ses antécédents personnels, Ullmo nous fournit les renseignements suivants:

Durant l'enfance, nombreux maux de gorge, santé délicate. A l'âge de cinq ans, à la suite d'une insolation (?), transport au cerveau (?) avec fièvre et délire pendant une dizaine de jours. Pendant plusieurs années, terreurs nocturnes. Une scarlatine bénigne. Ni fièvre typhoïde, ni maladies vénériennes. Pas de convulsions dans l'enfance.

Plus tard, lors de son séjour en Cochinchine, légère atteinte de diarrhée du pays, ni paludisme, ni dysenterie. Pas d'alcoolisme.

Ullmo dit avoir toujours été nerveux, impressionnable, émotif. D'un caractère doux et tranquille, il n'aurait jamais eu ni colères, ni emportements, ni attaques de nerfs. Il ne signale dans son passé, ni obsessions ni phobies, ni tics, ni perversions ou anomalies des sentiments ou de la conduite.

La vie génitale de l'inculpé, qui s'est éveillée, sans précocité ni retard, vers l'âge de quatorze à quinze ans, s'est manifestée au début par quelques tendances à l'onanisme solitaire, qui disparurent assez vite, dès ses premières relations féminines, vers l'âge de seize ans. Pas d'excès vénériens. Jamais de tendances homosexuelles, ni de perversions génitales.

Interrogé sur les raisons de sa vocation, et en général, sur sa vie à la mer, Ullmo répond qu'il n'avait pas de goût particulier pour le métier de marin, qu'il est le seul marin de sa famille, et qu'il ne saurait expliquer clairement les raisons qui ont orienté son choix vers la carrière navale.

Il confesse que, lors de son entrée au Borda, en 1898, les débuts de la vie à bord du navire-école, furent assez durs pour lui, à cause de l'hostilité générale que lui marquèrent ses camarades, parce qu'il était juif. Il eut alors à souffrir des polémiques et des haines suscitées, dans tous les milieux de la nation, par l'affaire Dreyfus. Mais bientôt, brimades et essais de quarantaine cessèrent à cause de l'intervention d'un ou deux de ses camarades en sa faveur. Depuis, Ullmo déclare avoir toujours entretenu avec ses collègues des relations correctes et agréables.

L'inculpé est incarcéré à la Santé depuis le 26 octobre. A part quelques malaises qu'il dit avoir ressentis les premiers jours, et sur lesquels nous reviendrons, Ullmo se trouvait dès la date de notre première visite à la prison, le 21 novembre, en excellente santé physique et nerveuse, satisfait de son appétit, de son sommeil et de son état général.

Dans ces conditions, Ullmo répond avec aisance et précision à nos questions, et, interrogé sur son passé et les étapes successi-

J'étais peu actif, très vite las. Le mardi me fatiguait beaucoup, nous allions beaucoup en voiture. Je n'avais aucun cours d'examen quel qu'il fût. Je ne me trouvais à *moncan* qu'étendu dans ma fumerie. Je n'avais même plus le courage de faire de la musique que j'aimais pourtant beaucoup. Je reculais devant les voyages à faire pour aller dans ma famille, lorsque nous allions en voyage. Lisca et moi, c'était une dure chose que de se décider malgré le plaisir que nous nous en promettions, et jamais nous ne partions aujourd'hui, mais remettions au lendemain ; et enfin de suite pendant plusieurs jours parfois.

SPÉCIMEN DE L'ÉCRITURE D'ULLMO

ves de sa carrière, il nous fournit des renseignements, qui, com-

plétés et éclairés par les documents recueillis, au Ministère de la Marine, dans le cahier des notes confidentielles de l'inculpé, vont nous permettre de résumer ici les antécédents professionnels de l'officier.

Ullmo, entré à l'Ecole Navale le 1er octobre 1898, en sort en 1900, est embarqué comme aspirant de 2e classe sur le *Duguay-Trouin* : nommé le 5 octobre 1901 aspirant de 1re classe, il embarque sur le *Gaulois* et le *Pothuau*, voyage dans le Levant et en Amérique, et, le 5 octobre 1903, est nommé enseigne de vaisseau. Il part en Chine à bord du *Gueydon*, jusqu'en 1904 puis en Cochinchine où il séjourne, à bord de la canonnière l'*Achéron* dans la rivière de Saïgon, jusqu'en 1905, passe quelques mois à Rouen dans sa famille et embarque en septembre à bord du *Gaulois*, puis en juillet 1906 à bord de la *Carabine* en rade de Toulon, où il était encore attaché au moment de son arrestation, le 23 octobre 1907. Quelques jours auparavant, Ullmo avait sollicité pour raison de santé, un congé dont nous trouvons la mention dans le certificat de contre-visite, daté du 21 octobre 1907 : « Convalescence de diarrhée chronique et anémie : affections « nécessitant des soins longs et dispendieux. Congé de deux mois « avec solde de présence : du 22 octobre au 22 décembre 1907 ».

Durant les neuf années de sa carrière navale, l'officier a été l'objet, de la part du Commandement, de notes confidentielles, qui sont autant de documents intéressants à consulter, parce qu'elles représentent la série des témoignages successifs des supérieurs d'Ullmo, sur les qualités intellectuelles, morales et professionnelles de l'officier.

Nous reproduisons ici, sans nous attacher au détail des notes particulières, les observations consignées par les supérieurs d'Ullmo sous la rubrique : appréciation générale de l'élève ou de l'officier.

Caractère sérieux, mais trop fermé. Esprit qui se laisse difficilement pénétrer, mais intelligent et capable. (Ecole Navale, juillet 1900.)

Travailleur et intelligent. Manque un peu d'entrain. Beaucoup d'instruction et de conscience. (*Duguay-Trouin*, juillet 1901.)

Intelligent, susceptible de bien faire, mais paraît plus occupé de ses droits que de ses devoirs; très intelligent et travailleur. Caractère peu expansif et timide. (*Gaulois*, octobre 1902.)

Intelligent et capable. Bonne volonté, zèle, digne de tous les éloges. *(Pothuau*, juillet 1903.)

Très bon officier, très actif, très sérieux, recherchant toutes les occasions de s'instruire. Qualités de premier ordre. *(Achéron*, juin 1904.)

Conduite médiocre: a des absences inexplicables. Manque de politesse et de tact. Ne connaît aucun des principes du commandement; se fait obéir mollement, tout en étant arrogant avec ses inférieurs. Manière de servir mauvaise.

M. l'enseigne de vaisseau Ullmo est un officier intelligent, qui aurait pu devenir très bon, avec un peu de bonne volonté et de travail. Depuis la dernière inspection générale, il se désintéresse absolument de ses devoirs et de son métier de marin. Cet officier tend de plus en plus vers l'indiscipline. Il croit n'avoir que des droits, en oubliant sciemment ses devoirs. Depuis huit mois, il est d'un mauvais exemple pour l'équipage. *(Achéron*, février 1905.)

Ullmo est un officier très intelligent et très instruit. Est néanmoins un mauvais officier. (Note du vice-amiral, commandant en chef l'Escadre d'Extrême-Orient, juin 1905.)

Officier intelligent, instruit, bon observateur. Ne s'occupe pas assez sérieusement de son service en rade. *(Gaulois*, juillet 1906.)

S'occupe beaucoup de tout le personnel, dont il prend le plus grand soin, tant au point de vue de la nourriture qu'au point de vue de l'existence à bord.

Officier très consciencieux, s'occupant parfaitement de ses fonctions de second et des détails qui lui sont confiés, manœuvre bien à la mer.

Proposition pour le tableau d'avancement pour le grade de lieutenant de vaisseau n° 1. (Contre-torpilleur *Carabine*, juillet 1907.)

Officier très froid, très strict, consciencieux et soigneux. Manœuvre bien. (Capitaine de frégate, commandant l'Escadrille des Contre-torpilleurs, juillet 1907; avis conforme du Vice-amiral Touchard, commandant en chef l'Escadre de la Méditerranée. Septembre 1907.)

Le rapprochement et la comparaison de toutes ces notes démontrent que tous les chefs d'Ullmo se sont accordés à le considérer comme un officier intelligent, instruit, capable, bon observateur, soucieux de son service, et destiné à un bel avenir. Une seule exception détonne dans ce concert d'appréciations élogieuses, ce sont les mauvaises notes relatives à la conduite et au caractère méritées par l'officier, de juin 1904 à juin 1905, lors de son service à bord de l'*Achéron*, dans la rivière de Saïgon. Cette période professionnelle, que les notes confidentielles représentent comme si mauvaise, correspond, ainsi que nous le verrons, à l'époque où Ullmo, passant la plupart de ses nuits à jouer, à boire et à fumer tabac et opium, menait une vie de surmenage et d'agitation, inconciliable avec les exigences de son service. Et, en effet, dès son retour en France, l'officier, revenu à une vie plus régulière et plus sobre, méritait à nouveau les notes les plus satisfaisantes.

Une enquête soigneuse et approfondie a été, par les soins de M. le juge d'instruction Leydet, instituée à Toulon, auprès des témoins de la vie d'Ullmo, qui avaient pu l'observer, soit à bord, soit dans les colonies soit enfin plus récemment, à Toulon même, dans son existence privée et sa conduite professionnelle.

De cette enquête, dont nous avons connu les résultats dans les procès-verbaux de police, dans le rapport du lieutenant de vaisseau Turc, officier de police judiciaire pour l'affaire, et dans les dépositions de nombreux témoins de l'accusé, il résulte que la réputation d'Ullmo était, en général, celle d'un officier sobre, régulier, rangé, qui, en dehors des heures de service à bord de la *Carabine* et de quelques apparitions intermittentes dans les restaurants et lieux de plaisir de la ville, vivait très retiré, avec sa maîtresse Lison, dans la villa Gléglé au Mourillon. Ullmo passait, aux yeux de la plupart, comme le fils d'un riche tanneur lyonnais, et on le considérait comme un officier aisé, ne dépensant qu'une partie de ses revenus, et susceptible d'un crédit illimité. Cette croyance émanait de nombreuses dépenses faites par Ullmo vers la fin de 1905 et le commencement de 1906 : à cette époque, en effet, le jeune officier, qui avait déjà, en février 1903, reçu sa part de l'héritage paternel, environ 75.000 francs, s'était trouvé extraordinairement heureux au jeu, au Cercle Moderne, boulevard de Strasbourg, à Toulon : membre assidu de ce cercle, Ullmo gagna pendant plusieurs semaines, chaque jour, plusieurs centaines de francs : il put ainsi mener quelque temps un train de vie assez luxueux, et faire illusion sur la réalité de sa fortune.

Mais cette période de chance ne dura pas, et, vers Pâques 1906, Ullmo perdit en une nuit, dix à douze mille francs, qu'il ne put d'ailleurs solder en entier immédiatement, et acheva de payer, les jours suivants, en deux chèques adressés au caissier du cercle. A partir de ce jour, l'officier ne parut plus ni au Cercle Moderne, ni au Cercle du Midi, qui, en octobre 1906, succéda au Cercle Moderne dissous. Ayant juré à sa maîtresse de ne plus jouer, il ne risqua plus la chance qu'épisodiquement, au cours de ses stations sur le littoral, à Nice et à Monte-Carlo, où il perdit encore quelques sommes de bien moindre importance. Ullmo était, en effet, joueur par tempérament et disposé à rechercher, comme il en convient lui-même, les occasions de jouer dans les cercles et les casinos, non seulement sur la Côte d'Azur, mais à Saïgon, où il perdit quatre à cinq mille francs en deux ans, et à Villers et aux environs, lors du dernier séjour qu'il fit en Normandie. Ullmo manifestait déjà ces goûts dans son enfance, que passionna souvent outre mesure, ainsi qu'il nous le raconte, le jeu des petits chevaux. En dehors de quelques occasions, où la chance lui fut d'ailleurs contraire, l'accusé renonça à jouer, depuis sa grosse perte de 1906, et, récapitulant, sur notre demande, la balance de ses gains et pertes, il déclare avoir perdu au jeu la somme approximative de quatre à cinq mille francs.

Si l'on cherche, d'accord avec l'inculpé, à établir quel était, dans ces derniers temps, à Toulon, le montant de ses dépenses annuelles, on arrive à estimer celles-ci à environ vingt mille francs par an ; Ullmo déclare, en effet, être revenu de Cochinchine, il y a deux ans, avec quarante mille francs, avoir touché depuis sept mille francs de solde, qu'il estime avoir perdu au jeu, enfin, au moment de son arrestation, en octobre 1907, il ne possédait presque plus rien, avait deux ou trois mille francs de dettes en ville et se trouvait acculé à une situation sans issue.

De l'ensemble de ces renseignements se dégage une notion dominante, c'est celle de l'esprit d'imprévoyance et de prodigalité d'Ullmo, qui arrive, en deux ans, par les dépenses de l'entretien de sa maîtresse et ses pertes au jeu, à dissiper complètement son patrimoine sans paraître se soucier des conséquences imminentes de sa conduite. Comme nous lui faisons remarquer l'imprudence et la légèreté coupables dont il avait fait preuve dans l'organisa-

2

tion de son train de vie, qui apparaît si hors de proportion avec ses véritables ressources, l'inculpé convient avec nous de ses torts, avoue qu'il remettait de jour en jour sa rupture avec Lison, et un changement dans sa vie qu'il jugeait nécessaire, sans pouvoir cependant se résoudre à l'effectuer. Sa maîtresse ignorait, ainsi que tout le monde autour de lui, sa véritable situation budgétaire, et elle ne paraît pas l'avoir entraîné personnellement à des dépenses exagérées ; c'est Ullmo lui-même qui, par manque d'énergie et défaut de volonté, continuait à vivre, au jour le jour, une vie où se complaisaient à la fois sa vanité, ses habitudes de plaisir et de paresse, son esprit d'indolence et d'inertie.

En résumé, au terme de cet aperçu biographique, Ullmo nous apparaît comme un sujet intelligent, instruit, cultivé, ayant la notion de la valeur morale de ses actes, capable de critiquer avec lucidité et justesse le pour et le contre des choses et de prévoir les conséquences de ses décisions. Mais il nous apparaît en même temps comme un homme de peu de volonté, dépourvu d'ambition et de courage, incapable de renoncer, par une initiative énergique, à une vie dont le train et les dépenses devaient aboutir fatalement à la ruine. On note, enfin, chez Ullmo, l'existence de deux penchants, de deux goûts passionnels, dont la nature concorde bien avec le caractère général de sa psychologie : c'est, d'une part, le jeu, dont nous avons indiqué la funeste influence sur la conduite d'Ullmo ; d'autre part, l'habitude de fumer l'opium, dont il nous faut maintenant étudier, chez l'inculpé, les origines, le développement et les conséquences. Nous discuterons ensuite le rôle de l'intoxication dans le déterminisme des actes de l'accusé, pour établir, suivant les termes mêmes de notre mission, si l'usage abusif du narcotique a pu, dans une certaine mesure, oblitérer, chez l'inculpé, la notion de ses devoirs et enchaîner son libre arbitre.

ETUDE DE L'INTOXICATION DE L'ACCUSÉ PAR LA FUMÉE D'OPIUM. — Ullmo a commencé à fumer l'opium vers la mi-décembre 1901, peu de temps après son arrivée à Toulon, comme aspirant de première classe. La curiosité, la contagion par l'entourage, l'entraînèrent tout d'abord à essayer de fumer quelques pipes, dans certaines réunions, notamment chez des femmes, qui fumaient régulièrement elles-mêmes et recevaient des fumeurs.

Ainsi se réalisa, par imitation, l'initiation à l'opium du jeune aspirant, qui commença aussitôt à fumer de quinze à vingt pipes par jour, et ne tarda pas à fréquenter, avec certains de ses camarades, des fumeries où, suivant son expression, il prenait de « grosses cuites », d'abord intermittentes, et souvent, par la suite, quotidiennes. Ullmo estime ainsi avoir plus ou moins régulièrement fumé, en janvier 1902, de 30 à 35 pipes par jour, sauf les jours de service à bord. Il pratiqua aussi, à cette époque, vers la fin de la nuit, quelques inhalations d'éther.

Ullmo devient, à partir de ce moment, un fumeur assez régulier, et se lie avec une femme, elle-même forte fumeuse, chez laquelle, de février 1902 à mai 1903, il consommait au moins quarante pipes, en deux séances : une l'après-midi, de 2 à 6 heures ; et une autre, la nuit, jusqu'à 4 heures du matin. Les jours de service, trois fois par semaine, l'officier restait vingt-quatre heures sans fumer, et déclare n'avoir pas souffert, à cette époque, de la privation d'opium.

De mai à août 1903, départ pour le Levant, croisière, pas d'opium. Légère reprise au retour à Toulon, en septembre ; puis départ en congé dans sa famille et pour la Chine ensuite, jusqu'en décembre 1903 : durant la fin de 1903, pas d'opium.

Reprise des fumeries en 1904 à Saïgon, sauf pendant une croisière au Japon, d'environ deux mois.

De mai 1904 à mars 1905, Ullmo fume, à Saïgon, assez régulièrement, environ vingt-cinq pipes par jour, réparties, comme précédemment, en deux séances. A cette époque, il prend quelques pilules d'opium, lorsque son service et ses absences de Saïgon l'obligent à renoncer momentanément à la pipe. Durant son retour en France (mars-avril 1905), il prend, au début du voyage, quelques-unes de ces pilules.

A Saïgon, Ullmo, non seulement fumait assez régulièrement, mais buvait quotidiennement quelques verres de cocktail et de whisky, en jouant au cercle, avec des amis, une partie de la nuit. Il eut, à cette époque, une crise légère de diarrhée de Cochinchine, qu'il prétend avoir été améliorée par l'usage de l'opium en pipes.

De mai à fin septembre 1905, congé passé en France, dans sa famille : pas d'opium. Le sevrage se fait au prix de deux à trois jours de légers malaises, vite dissipés.

D'octobre 1905 à octobre 1907, Ullmo reprend ses fumeries d'opium, à Toulon, où il les continue, dans les intervalles de son service, à bord du *Gaulois* et de la *Carabine* ou à l'arsenal. Il est alors lié avec Lison, et installe chez elle, au rez-de-chaussée de la villa *Gléglé*, au *Mourillon*, une fumerie où les deux amants se livrent ensemble et régulièrement à l'opium, dans une proportion d'ailleurs inégale, car Lison ne consommait guère plus de douze à quinze pipes par jour.

Au cours de ces deux dernières années, durant les absences nécessitées par les obligations du service, Ullmo ne restait guère que trois jours de suite sans fumer, et prenait alors des pilules, deux à trois par jour, à l'heure des fumeries ; ces pilules étaient faites d'opium à fumer, et grosses environ comme un pois. Durant deux séjours d'une ou deux semaines à Nice, en 1906 et 1907, Ullmo se contenta de la prise de quelques-unes de ces pilules.

Pendant les manœuvres de juillet 1907, il prit des pilules pendant les douze premiers jours, et s'en passa, sans besoin ni malaise, le reste du temps.

Ullmo déclara avoir fumé beaucoup plus régulièrement, à partir de juin 1906, à bord de la *Carabine*, que l'année précédente, à bord du *Gaulois*, parce que, n'étant de garde que tous les dix jours ; il restait chez lui, en dehors de ses heures de service à bord, libre de fumer, en deux ou trois séances, de trente à quarante pipes.

NATURE ET QUANTITÉ D'OPIUM CONSOMMÉ. — Pendant les trois premières années, de 1901 à 1903, Ullmo fumait à Toulon de l'opium chinois, dit de Changhaï, qu'il achetait, en boîtes rondes ou parallélipipédiques, soit chez un marchand de la rue Hoche, dit le Chinois, soit chez une vieille tenancière de maison meublée, appelée Blanche, fumeuse invétérée, morte récemment. En Chine, Ullmo fumait de l'opium de la Régie, soit du violet, dit de luxe, soit du vert, dit de Bénarès ; il mélangeait souvent, pour sa consommation, ces deux variétés d'opium à deux tiers de Bénarès et un tiers de violet.

De 1905 à 1907, à Toulon, Ullmo achetait, uniquement chez le Chinois, de l'opium de Changhaï ou, lorsqu'il y en avait, de l'opium vert de la Régie. Ce dernier était rare et cher. L'accusé s'en est procuré en juin 1907, 400 grammes, au prix de 40 francs les 100 grammes. Dans les dix derniers mois, le Chinois ne vendait plus de l'opium qu'en pots de porcelaine, du prix de 6 francs, remplis d'un mélange d'opium épais et probablement de dross, en quantités variables.

Chacun de ces pots de porcelaine, achetés tour à tour par Ullmo ou sa domestique chez le Chinois, contenait 25 grammes d'opium vert de la Régie (une boîte de 100 grammes de cet opium remplissait quatre pots). D'après un calcul d'Ullmo, chacun de ces pots contenait de 30 à 35 grammes d'opium de Changhaï.

La consommation d'opium que faisaient les deux amants de la villa *Gléglé* s'élevait à une moyenne de trois pots en deux jours, soit un pot et demi par jour, dose sur laquelle Ullmo fumait un pot, c'est-à-dire de 28 à 38 grammes d'opium, soit, au plus, 30 grammes par jour. Ces 30 grammes étaient fumés en une moyenne de trente à quarante pipes. Les doses d'opium sont ici estimées sur les seules déclarations de l'inculpé, au maximum ; car il faudrait, pour répartir une telle quantité d'opium en trente-cinq pipes, supposer que le chargement de chaque pipe fût d'environ 1 gramme ; or, de l'avis unanime des fumeurs expérimentés, une seule pipe contient au maximum 50 centi-grammes d'opium : leur chargement ordinaire pèse de 28 à 30 centigrammes de drogue. Mais nous acceptons les chiffres que nous communique l'inculpé, dans cette estimation, extraite d'une note manuscrite qu'il nous a remise, sur notre demande : « Ce que je puis affirmer avec certitude, c'est que ces derniers mois, je fumais (entre nous deux) à peu près trois pots en deux jours, que je fumais à peu près 7 à 8 pipes le matin, 12 à 15 l'après-midi, 12 à 15 la nuit. Lison, 3 à 4 ou 5 l'après-midi, 6 ou 7 le soir. C'est la seule façon d'apprécier la quantité d'opium que je fumais. »

Ullmo dépensait, dit-il, une moyenne de 8 à 9 francs par jour, en achats d'opium.

Il convient d'ajouter que l'inculpé fumait environ huit à dix cigarettes d'Orient et deux à trois cigares par jour.

Quand il s'éloignait de Toulon, notamment dans ces derniers temps, lors de ses démarches à Paris et à Bruxelles, Ullmo prenait, ainsi que nous l'avons dit, deux à trois pilules par jour, faites avec l'opium de ses pots : on peut estimer le poids de ces pilules à 30 ou 40 centigrammes, au minimum. La teneur en morphine de l'opium de la Régie étant de 4 à 5 pour 100 environ, on peut estimer à environ 5 centigrammes de morphine, la dose de cet alcaloïde ainsi ingérée sous forme pilulaire, dans l'intervalle des fumeries.

Nous avons exposé toutes ces données, sur le nombre des pipes fumées et la quantité d'opium consommé chaque jour, d'après les déclarations de l'accusé, que nous avons fidèlement transcrites et commentées. Nous nous réservons de les discuter dans une autre partie de notre rapport.

EFFETS RESSENTIS PAR ULLMO SOUS L'INFLUENCE DE L'OPIUM, D'APRÈS LES DÉCLARATIONS ORALES ET ÉCRITES DE L'INCULPÉ. — Nous exposerons ici brièvement les effets ressentis par Ullmo, d'abord sous l'influence des fumeries pendant les inhalations d'opium ; ensuite dans l'intervalle des fumeries, aux heures de son service à bord ; enfin, dans les moments où, privé de la drogue coutumière, le fumeur était momentanément sevré d'opium, en pipes ou en pilules.

Pendant la fumerie, Ullmo, allongé dans la position classique, sur son divan, seul ou aux côtés de sa maîtresse, éprouve d'abord un sentiment de calme, de demi-torpeur et de bien-être qui va croissant ; puis à cette sorte d'engourdissement béat, où disparaissent bientôt les soucis de l'existence et les inquiétudes de l'avenir, succède un état d'ébriété, de joie exubérante et loquace, dans lequel défilent, rapides, faciles et heureuses, toutes sortes d'images et d'idées, sans hallucinations véritables. C'était une sorte de demi-rêve, au cours duquel Ullmo débitait avec volubilité des propos sans suite, des discours incohérents dont le fumeur ne gardait le lendemain aucun souvenir, malgré les allusions de Lison, qui lui reprochait parfois d'avoir troublé son repos et son sommeil par ses divagations absurdes et son intarissable bavardage.

Pendant ses rêves d'opium, Ullmo se représentait souvent des scènes de jeu, au cours desquelles il échafaudait des systèmes, poursuivait des martingales, et réalisait, aux côtés de sa maîtresse, des gains indéfinis.

Cet état d'excitation psychique se poursuivait quelques temps après la fumerie, et, dans la seconde partie de la nuit, Ullmo couché, les yeux ouverts, sans dormir, « cuvait sa cuite », selon son expression, jusqu'au matin. Dans la journée, l'excitation joyeuse de l'humeur après la fumerie a été remarquée par la domestique du jeune ménage, qui dépose textuellement : « Avant de fumer, Monsieur était calme, plutôt renfermé ; tandis qu'après fumer, il parlait, il riait, j'entendais ses ébats de la cuisine où je me trouvais. »

Dans l'intervalle des fumeries, l'état psychique, d'après les déclarations réitérées de l'accusé, se caractérisait par un engourdissement et une demi-somnolence traversée souvent par des accès de sommeil incoercible, Ullmo écrit :

« Le matin je me lève sans avoir dormi, je n'ai pas sommeil à ce moment ni à bord. Vers 11 heures, le sommeil me prend. D'habitude je fume et ça passe. Lorsque je suis de garde à bord de la *Carabine*, je prends une pilule ; mais, pendant le déjeuner que je prends seul, je dors presque dans les assiettes. Mon maître d'hôtel l'a souvent vu. Je mange en dix minutes, peu, et je vais dormir jusque vers 1 h. 1/2. Les jours de garde, je suis harrassé ; je reprends une pilule vers 5 heures, je soupe à 7 heures, presque endormi, et je me couche et dors comme une brute jusqu'au matin. En me levant, je suis las, *idiot ;* je prends une pilule dans mon café, et attends avec impatience 11 heures, pour aller chez moi fumer. Alors, je suis bien de nouveau..... Lorsque j'étais sur le *Gaulois*, en 1905-1906, parfois je me couchais les jours de service, mon quart fini, à 4 heures après-midi, et dormais jusqu'au matin. Si je venais dîner, réveillé par le maître d'hôtel, je dormais à table. Mes camarades se moquaient de moi. Quelquefois, il me trouvaient l'air extraordinaire, et me disaient que je n'y étais plus. Je me raidissais parfois sur le pont, de service ; et, certains jours, ils avaient peur de me voir tomber comme une masse.....

« Déjà, sur le *Pothuau*, en 1902-1903, alors que je ne prenais pas de pilules et que je fumais beaucoup, lorsque nous appareillions, je faisait mon quart aux trois quarts endormi debout. Sur la *Carabine*, où j'étais responsable, je me raidissais ; et, parfois la nuit, me cramponnant, je fermais un instant les yeux et perdais conscience. Le timonier, en me touchant ou en me parlant, me faisait sursauter..... J'étais obligé de me raidir de toutes mes forces, pour faire ce ce que j'avais à faire, malgré les pilules.

« Mais lorsque j'étais à Toulon et pas de garde, que je fumais régulièrement et sans difficultés, alors j'étais bien et je pouvais faire illusion. »

Après avoir signalé certains effets accessoires (accès de dysurie; retard de l'organisme sexuel au cours d'érections prolongées, diminution de l'appétit, etc.), Ullmo insiste sur les modifications apportées par l'opium dans son activité générale; il écrit : « J'étais peu actif, très vite las. La marche me fatiguait beaucoup ; nous allions beaucoup en voiture. Je n'avais même plus le courage de faire de la musique, que j'aime pourtant beaucoup. Je reculais devant les voyages à faire pour aller dans ma famille ; lorsque nous allions en voyage, Lison et moi, c'était une dure chose que de se décider, malgré le plaisir que nous nous en promettions, et jamais nous ne partions au jour dit, mais remettions au lendemain, et ainsi de suite pendant plusieurs jours parfois. »

Dans les périodes de privations d'opium, Ullmo ressentait, dans les deux à trois dernières années seulement, des malaises, surtout marqués aux heures de la fumerie habituelle, et que l'inculpé nous décrit, en insistant sur les sensations de froid, les frissonnements, les baillements répétés, les énervements extraordinaires, la diarrhée, les sueurs profuses, etc.

Tous ces malaises étaient aussitôt calmés par l'ingestion de pilules, à défaut de la fumerie. Mais les pilules ne procuraient pas le bien-être physique et psychique des inhalations de la pipe.

Les plus longues périodes de sevrage, dans ces dernières années, correspondent aux séjours de une et deux semaines que fit Ullmo à Nice, avec Lison en 1906 et 1907, à l'époque du Carnaval : durant ces absences de Toulon, l'inculpé prit des pilules ; enfin, aux manœuvres de juillet 1907, pendant lesquelles Ullmo n'éprouva le besoin de prendre des pilules que les dix ou douze premiers jours.

Pendant les soixante heures d'absence de Toulon consacrées par l'inculpé à son voyage à Paris et à Bruxelles, du 17 au 20 août dernier, Ullmo emporta des pilules dont il pris trois par jour, une le matin, l'autre à 5 heures, la troisième le soir en se couchant. Ces pilules, dit-il, supprimaient les malaises, mais ne procuraient aucun agrément : les idées restaient très embrouillées, et l'esprit incapable de travailler avec clarté et profit.

Enfin, au moment de son arrestation, Ullmo fut étonné de la facilité relative avec laquelle il traversa la crise de sevrage et supporta l'abstinence. La semaine précédente, il avait passé quatre jours à l'hôpital, pour préparer son congé de convalescence ; durant ces quatre jours, il avait pris quelques pilules. Rentré chez lui le 19, il refuma jusqu'au 23 octobre. Ce jour-là, il fuma quelques pipes, jusqu'à midi environ, et prit une pilule à 2 heures. Arrêté vers 3 heures, il n'a pu prendre le soir qu'une pilule, en deux fois. Le lendemain jeudi, une seule pilule, en deux fois également. Le vendredi, il ne prit qu'un ou deux granules d'extrait d'opium qu'on lui acheta chez un pharmacien de la ville. Il arrive le samedi 26 à Paris, et, à partir de ce jour, fut complètement sevré d'opium.

Ullmo eut donc, pendant quelques jours, comme phénomènes d'abstinence, des frissons, des sensations de froid, de l'énervement et de la diarrhée. Il attribue la bénignité de la crise de sevrage à l'anéantissement moral que détermina chez lui son arrestation.

Quelques jours après son incarcération à la Santé, l'inculpé avait recouvré le sommeil, l'appétit et toutes les apparences du meilleur état général. Lors de notre première entrevue avec lui, le 21 novembre, il se trouvait en excellente santé physique et en possession de toutes ses facultés mentales.

RAPPORTS ÉTABLIS PAR ULLMO ENTRE SES ACTES CRIMINELS ET LES TROUBLES PSYCHIQUES DÉTERMINÉS CHEZ LUI PAR L'OPIUM. — Ullmo prétend avoir commis les actes qu'on lui reproche sous l'influence d'un état mental particulier qu'il attribue à l'opium, et déclare que, maintenant qu'il est sevré du toxique, il serait absolument incapable d'une telle forfaiture. Il importe donc de déterminer, d'après les dépositions de l'accusé, quel était son état mental, dans les périodes où il méditait ses projets et au moment où il accomplissait les actes dont la justice lui demande compte.

Acculé par ses dépenses à une situation financière insoluble, et incapable, par veulerie et défaut de volonté, de renoncer à son train de vie ordinaire, Ullmo s'était déjà bien des fois préoccupé des moyens de se procurer de l'argent. Il avait espéré parfois dans la chance au jeu ; mais, depuis l'énorme perte d'avril 1906, il avait toujours été malheureux, dans les tentatives qu'il avait risquées, à Nice et à Monte-Carlo..

C'est en avril ou mai 1907 que se présenta à son esprit, pour la première fois, l'idée de son dessein criminel. C'est dans sa fumerie, après avoir lu dans le *Journal* le récit d'une affaire d'espionnage, dans laquelle, par l'intermédiaire d'une agence de Belgique, auraient été vendus à l'Etranger des documents militaires, que l'inculpé aurait réfléchi à la possibilité de se procurer, grâce à sa situation, des pièces secrètes, et de les proposer à l'Etranger, contre des sommes d'argent considérables. Ce projet lui apparut comme réalisable et digne d'être poursuivi ; il le médita par la suite, mais toujours dans sa fumerie, sous l'influence, dit-il, de l'opium ; car, dès qu'il était sorti, au moment de son service à bord, il n'y pensait plus. D'ailleurs, ajoute-t-il, il se trouvait sur la *Carabine*, aux heures de son service, surtout le matin, dans un état de fatigue et d'engourdissement qui ne lui permettait qu'une activité purement machinale, sans possibilité d'initiative ou de travail intellectuel. De retour dans sa fumerie, il reprenait le cours de ses pensées coupables, élaborait, pendant la nuit, son plan d'action ; et même, affirme-t-il, priait sa maîtresse de le laisser réfléchir tranquillement et de ne pas troubler ses méditations. Et en effet, Lison n'a jamais rien su des projets de son amant ; le silence et la réserve de celui-ci, sur ce projet, contrastent assez étrangement avec l'exubérante loquacité et le bavardage inconscient que, d'après ses déclarations, provoquait toujours chez lui la fumée de l'opium.

Enfin, dans le courant de mai, il se décide à entrer en correspondance avec les agents de l'Etranger, et écrit les lettres dans le milieu de l'après-midi, vers 3 heures, à bord de la *Carabine*; il en écrit d'autres en juin et à la fin juillet. Il préparait son plan de correspondance pendant les fumeries, et le mettait à exécution à l'heure que nous avons indiquée, dans l'intervalle des fumeries. Il se sentait, pendant les fumeries, plein d'espoir et de confiance dans la réussite de ses machinations : au contraire, dans l'inter-

valle de celles-ci, il perdait ces dispositions optimistes et doutait
du succès. A travers bien des alternatives d'humeur, il poursuivait cependant son plan, sans obtenir, jusqu'au départ pour les
manœuvres, de résultat satisfaisant. Le mois de juillet se passe
en mer, aux manœuvres ; et l'officier arraché à sa fumerie rem-
place pendant une dizaine de jours sa pipe par des pilules, qu'il
abandonne le reste du mois, supportant ainsi, pendant une
vingtaine de jours, sans malaise, un sevrage complet d'opium.
Durant cette période, Ullmo se promet, nous dit-il, de renoncer
à ses projets de trahison, et rentre à Toulon prêt à abandonner
ses funestes plans, lorsqu'il trouve à son retour, dans le *Journal*,
une réponse à ses propositions. Il reprend alors son idée et exé-
cute tout son plan.

Il fait fabriquer une clef, ouvre, un matin, vers 9 heures, le
coffre-fort de la *Carabine*, et dérobe plusieurs documents secrets
de haute importance, qu'il se hâte d'aller photographier furtive-
ment dans une chambre d'hôtel, et à sa villa, et reporte aussitôt
à leur place, dans l'armoire de la *Carabine*. Ullmo déclare avoir
photographié ces documents dans un grand état d'énervement et
d'émoi.

Lors de son entrevue, à Bruxelles, avec l'agent étranger, l'inculpé déclare s'être trouvé dans un état d'engourdissement et de
demi-stupeur, avec la tête vague, les idées embrouillées, inca-
pables de fixer son attention, de trouver facilement ses expressions; il se sentait très inférieur à son partenaire, dont il essayait
avec effort de scruter les intentions et de pénétrer la pensée. Finalement il est arrivé à dire ce qu'il voulait et à poser ses conditions, mais sans succès, puisque le marché ne fut pas conclu
entre le traître et l'espion.

Plus tard, dans sa correspondance avec le Ministre de la Marine, Ullmo déclare s'être toujours senti obnubilé par la même
torpeur, la même hébétude, sous l'influence desquelles il s'était
livré, dans une activité quasi-automatique, aux agissements criminels des semaines précédentes. Il avait, dans l'intervalle de
ses fumeries, le pressentiment qu'il échouerait dans ses tentatives d'extorsion de fonds; mais, dès qu'il fumait, il reprenait
confiance dans le succès de ses manœuvres.

C'est dans un de ces moments d'espoir, qu'il avait promis à

Lison, selon les propos que celle-ci a répétés à un tiers, qu'il lui achèterait une automobile si l'opération qu'il entreprenait arrivait à réussir, sans révéler d'ailleurs à sa maîtresse la nature de l'opération qui pourrait lui apporter la fortune.

Telles sont les déclarations de l'inculpé sur le rôle de l'opium dans la psychologie de ses actes de trahison.

DISCUSSION DES ALLÉGATIONS D'ULLMO SUR LES EFFETS DE L'OPIUM ET LE RÔLE DE L'INTOXICATION DANS LE DÉTERMINISME DE SES ACTES. — Nous avons reproduit plus haut les déclarations d'Ullmo relatives au nombre de pipes et à la quantité d'opium consommée, et nous avons établi le calcul des doses quotidiennes du poison absorbé, sur ces déclarations.

Mais le dossier de l'Instruction renferme, à cet égard, des dépositions contradictoires, qui nous obligent au moins à formuler quelques réserves sur la question des doses d'opium réellement consommées.

Si l'on s'en rapporte aux résultats de l'enquête instituée, chez le « Chinois », par le commissaire spécial à Toulon, on constate que, d'après le relevé des achats effectués chez ce commerçant, d'avril à octobre 1907, par Ullmo, celui-ci ne se serait procuré, pendant ces sept mois que 325 grammes d'opium. On ne constate aucun achat du 30 mai au 25 juillet, aucun achat pendant le mois d'août.

D'un autre côté, la domestique de la villa Gléglé a déclaré d'abord au commissaire, qu'elle achetait l'opium destiné à ses maîtres, chez le « Chinois », et que le plus grand nombre de pipes avait été fumé en août dernier, époque à laquelle un pot de 6 francs (pesant 11 grammes) durait un jour et demi. La même domestique a déclaré, dans une déposition ultérieure devant M. Lescudier, juge d'Instruction à Toulon, qu'elle achetait pour ses maîtres un pot tous les jours, chez le « Chinois », à partir du 15 août ; qu'Ullmo, de son côté, achetait souvent un autre pot, et que, le lendemain, lorsqu'elle faisait le ménage, elle constatait que les deux pots étaient vides.

Ces dépositions, difficiles à concilier, laissent planer un doute sur la quantité de drogue consommée chaque jour par l'inculpé. Nous avons expliqué également qu'il est malaisé d'accorder le chiffre de 30 grammes d'opium, avec celui de 30 à 40 pipes : tous deux fournis par Ullmo lui-même.

Cette question de quantité, dans les limites où on peut la discuter ici, n'a d'ailleurs qu'une importance relative et nous pouvons accepter le chiffre moyen de 35 pipes par jour, sans insister sur le chargement plus ou moins fort de chacune d'elles.

Les autres allégations d'Ullmo, relatives aux effets produits sur lui par l'opium, soulèvent de plus graves objections.

Si l'on peut, en effet, admettre l'exactitude, dans le sens général de leur nature et de leur succession, des troubles nerveux et psychiques accusés par Ullmo, dans sa relation des effets de l'opium ; on a le droit de s'étonner de l'intensité et de la durée des symptômes immédiats et secondaires, provoqués par les fumeries. Le poison n'a jamais été inhalé qu'à des doses moyennes et à peu près constantes, puisque Ullmo s'en tenait, depuis deux ans, au nombre quotidien de trente à quarante pipes. Or, l'expérience de tous les fumeurs d'opium, et l'observation clinique la plus ancienne, démontrent que, pour produire, et surtout pour maintenir, chez le fumeur d'habitude, des effets si accusés, dans l'ordre de l'excitation euphorique immédiate ou de la dépression torpide secondaire, l'intoxication doit être nécessairement assez massive dans ses doses, et que surtout elle doit être poussée à un degré de plus en plus élevé, par l'augmentation progressive du nombre des pipes. Les fumeurs d'habitude qui ressentent, dans l'intervalle des fumeries, les effets accusés par Ullmo, consomment souvent cent, cent vingt pipes par jour. Il est remarquable, en effet, que dérogeant à la loi ordinaire de progression des doses, Ullmo qui, depuis six ans, fumait l'opium, d'abord par intervalles, ensuite régulièrement, se soit depuis plus de deux ans, maintenu au taux de trente à quarante pipes par jour ; et que, semblable en cette modération relative à beaucoup d'opiomanes prudents et discrets, il ait réussi, en évitant l'intoxication progressive, à sauvegarder sa santé physique et intellectuelle.

L'intégrité actuelle de la santé physique et mentale d'Ullmo est, en effet, manifeste. Les facultés intellectuelles de l'accusé n'ont certainement subi, du fait de l'intoxication, aucune diminution. La mémoire, ainsi que l'attestent les résultats de l'interrogatoire et le contenu des notes manuscrites de l'inculpé, est, aussi bien dans l'évocation que dans le nombre des souvenirs, remarquable de précision, de rapidité et de richesse. L'association des idées, le jugement, l'ensemble des opérations psychiques s'effectuent normalement, et l'accusé, par sa tenue générale, par le ton de sa conversation, par la facilité et la correction de son style et de son discours, donne l'impression d'un esprit attentif et cultivé, capable de réflexion et de réserve. Il déclare regretter profondément ses fautes et éprouver de la honte à la pensée du crime dont il a été coupable.

Il n'existe présentement, chez Ullmo, aucun trouble fonctionnel, aucune altération organique qu'on puisse rapporter à l'usage de l'opium. L'état de la nutrition est excellent; et, dès notre première visite à la prison, nous avons pu constater, chez l'inculpé, l'absence, en dépit d'une si ancienne intoxication, de toute atteinte de l'état général, de tout signe avant-coureur de consomption ou de cachexie.

Quinze jours après la privation absolue d'opium, Ullmo était dans un état d'intégrité psychique et physique qui démontre, ainsi que l'avait déjà prouvé la réaction de l'inculpé au sevrage d'opium nécessité par les manœuvres de juillet dernier, combien sont légers et passagers chez lui les phénomènes de la période d'abstinence.

L'excellent état de la santé, de la nutrition, la brièveté et la bénignité des malaises du sevrage démontrent objectivement le peu de profondeur et de gravité de l'imprégnation toxique de l'organisme. D'ailleurs, si les effets nerveux et psychiques de l'opiomanie avaient été si prononcés chez l'inculpé, comment expliquer que, dans ces périodes où l'excitation psychique s'épanchait, au dire d'Ullmo, en des accès prolongés et inconscients de loquacité exubérante, l'amant n'ait point fait à sa maîtresse de confidences ou de révélations involontaires sur ses projets ? Il faut, pour expliquer la continuité de ce silence, admettre que, même au cours des « cuites » les plus intenses, le fumeur ait conservé la conscience vigilante et attentive des secrets qu'il avait à garder, en même temps que le pouvoir de les taire.

Dans l'intervalle des fumeries, cet état de torpeur, de somnolence et d'hébétude, sur lequel insiste Ullmo, lorsqu'il décrit les effets de l'opium, n'a été remarqué à bord, au cours de son service, ni par ses camarades, ni par ses supérieurs, dont le témoignage est unanime à cet égard. On ne trouve non plus, dans les notes de l'officier de ces deux dernières années, aucune remarque sur son attitude, aucun reproche sur sa conduite. On ne signale à son dossier aucune faute due à la négligence ou à la paresse, aucune incorrection due à la nonchalance ou à l'inertie.

L'officier a donc pu concilier, avec ses habitudes d'opium, les obligations d'un excellent service à bord ; et, s'il a réussi à dissimuler pendant plus de deux ans, à tout son entourage professionnel, les stigmates psychiques de l'opiomanie chronique, c'est que ces derniers étaient bien peu apparents et bien peu révélateurs.

Nous abordons maintenant la discussion du rôle de l'opium dans le déterminisme des actes criminels de l'inculpé. Nous considérons comme démontrée chez Ullmo l'existence d'une intoxication par la fumée d'opium, remontant à plusieurs années ; intoxication non progressive dans ses doses, légère dans son degré et son influence sur la santé générale et très bénigne dans son son pronostic, puisqu'elle disparaît dans ses effets par un sevrage de quelques jours.

Il importe, pour déterminer l'influence du poison sur les actes d'un fumeur d'opium, de distinguer dans les effets immédiats des prises toxiques, deux périodes psychologiques successives : d'abord la période de la griserie d'opium, qui correspond à la fumerie et aux heures immédiatement consécutives, et que caractérisaient l'exaltation voluptueuse de l'intelligence et des sens, et l'euphorie organique et morale de tout l'être ; et la période suivante, celle de somnolence et de torpeur, dont l'intensité et la durée sont proportionnelles au degré de l'intoxication, et dont le déclin est caractérisé par le retour du besoin impérieux de l'opium, et l'apparition des malaises rapidement progressifs de l'abstinence. La première période, celle de l'ivresse intellectuelle, de la félicité morale et de la volupté organique, celle dont tant de médecins, d'explorateurs et de romanciers ont décrit et même célébré les enchantements et les extases, la phase de la fumerie est essentiellement une période d'oubli des réalités et de détachement des choses ; les soucis s'effacent, les angoisses s'atténuent, la vie du lendemain apparait dégagée de ses obstacles et de ses inquiétudes. Aussi cette première phase est-elle, dans l'histoire médico-légale de l'opium, chez les fumeurs au moins de race blanche et jaune, absolument stérile en réactions criminelles et délictueuses ; car elle engendre un état psychologique en lui-même défavorable à l'initiative et contraire à l'action.

De plus, si, dans la griserie de la fumée d'opium, l'intelligence est plus active et l'idéation plus facile, si les problèmes les plus ardus semblent aisés à résoudre, c'est à cause de la diminution de l'attention, et de l'obnubilation du jugement, que masque l'accélération morbide de l'automatisme cérébral. Il en résulte une suractivité psychique, en somme stérile, qui permet d'aborder tous les problèmes sans en résoudre aucun, et qui,.jointe à l'oubli des contingences et à l'exaltation du sentiment personnel, explique l'illusion de la puissance intellectuelle, ressentie par le fumeur à cette phase de l'intoxication. Aussi, au sortir de ces états oniriques, ne reste-t-il, de cette activité illusoire, aucun résultat utile, aucune acquisition positive. Souvent même le fumeur est incapable d'évoquer le souvenir de ces créations de rêve, issues d'une vie psychique incompatible avec l'état de veille.

Par conséquent, quand Ullmo déclare avoir médité, dans l'apaisement et l'euphorie que procure la fumée d'opium, les soucis de sa situation matérielle et les moyens d'en sortir : lorsqu'il prétend avoir, toujours sous la même influence, arrêté avec précision les termes de ses lettres et le plan de ses démarches, enfin, lorsqu'il soutient avoir écrit ensuite presque automatiquement, à bord de la *Carabine*, ces lettres rédigées dans la fumerie, il émet autant d'affirmations paradoxales, et, en tous cas, contraires à l'hypothèse des troubles cérébraux toxiques intenses qu'il invoque précisément pour sa défense. Il faudrait supposer, en effet, pour admettre la possibilité de ses dires, une imprégnation toxique assez légère pour laisser l'esprit du fumeur libre de méditer utilement les sujets de son choix, de diriger ses pensées, et d'évoquer ensuite, avec facilité et fidélité, le souvenir des résultats de son travail : conditions inconciliables, nous le répétons, avec le tableau des troubles psychiques décrits, pendant et après la fumerie, par Ullmo.

La seconde période, d'abattement et de somnolence, d'engourdissement physique et de torpeur intellectuelle, dont Ullmo déclare avoir subi les effets à bord, aux heures de son service, est une phase d'obtusion et d'inertie, de dégoût de l'action, de paralysie de la volonté. Dans cette période, l'officier confesse avoir eu, selon ses propres expressions, la tête lourde, l'esprit vague, les idées embrouillées ; il n'était apte qu'à accomplir automatiquement la besogne routinière de son service, et se trouvait complètement incapable d'un travail nouveau, d'une initiative personnelle.

Or, c'est à ce moment que l'inculpé aurait écrit ses lettres, c'est dans cet état psychique qu'il aurait, à ce travail nouveau, déployé une initiative personnelle et assumé une responsabilité semblable ! La contradiction entre les deux affirmations d'Ullmo, est encore ici manifeste. Il est, au contraire, établi par l'instruction, que, durant plusieurs mois, au cours de la préparation et de l'exécution de ses projets, Ullmo a déployé une activité intellectuelle et volontaire que nous déclarons incompatible avec l'état d'obtusion, d'apathie et d'inertie, que détermine, chez le fumeur régulier, l'opiomanie chronique. Ullmo a fait preuve, dans la poursuite de son affaire, de continuité dans les idées, de persévérance dans ses plans, de prudence dans sa conduite, d'initiative et d'audace dans ses actes, en somme, de qualités d'intelligence et de volonté, qui démontrent que chez lui la fumée de l'opium n'avait, au moins pour ses funestes projets, ni obscurci l'esprit, ni engourdi l'énergie, ni diminué les moyens d'action.

La discussion précédente aboutit donc, en matière de conclusions, au dilemme suivant.

Ou l'inculpé a, en réalité, et en vertu d'une sensibilité particulière, éprouvé du fait de l'intoxication par l'opium les troubles psychiques qu'il décrit, et ces troubles auraient dû le rendre incapable de mettre au service de son plan de trahison toutes les qualités intellectuelles et volontaires dont il a fait preuve. Ou l'inculpé a déployé, en effet, toutes ces qualités psychiques, ainsi que le démontre l'instruction, et alors il faut admettre que l'intoxication par l'opium n'avait dépassé chez lui, ni dans ses doses ni dans ses effets, un degré compatible avec le libre exercice de l'intelligence et de la volonté.

Il nous reste maintenant à considérer le rôle que l'opiomanie chronique peut avoir, en général, et qu'elle a pu exercer, en particulier, dans le cas d'Ullmo sur les altérations ou la diminution du sens moral.

L'histoire médico-légale des intoxications démontre que les divers poisons exercent une action nocive très variée, dans son intensité et dans son électivité, sur les différents domaines de l'activité psychique. L'opium en général et surtout son principal alcaloïde, la morphine, exercent au cours des intoxications chroniques une influence néfaste particulièrement élective sur la volonté d'abord et sur le sens moral ensuite, qu'ils diminuent bien avant de compromettre l'intelligence. L'opium est, avant tout, un poison de la volonté sous tous ses modes : il diminue l'énergie, abat le courage, dégoûte de l'action et condamne ses victimes à une perpétuelle inertie ; il atteint ensuite les facultés éthiques et morales, considérées non pas comme concepts, mais comme mobiles d'action, en diminuant et en supprimant leur influence déterminante, leur vertu directrice de la conduite. Ce n'est qu'à une période beaucoup plus avancée de l'intoxication que l'opium diminue l'intelligence, et celle-ci persiste encore longtemps au milieu des ruines des autres domaines de l'activité psychique.

C'est précisément en vertu de cet anéantissement de la volonté et de cette apathie morale que l'histoire médico-légale de l'opiomanie chronique est pauvre en faits criminels et délictueux, surtout si, à cet égard, on compare l'opium à l'alcool, à la cocaïne, au haschisch, etc. Ces derniers poisons provoquent, en effet, des hallucinations, de l'anxiété et des impulsions motrices qui poussent aux réactions criminelles des malades déjà mentalement affaiblis. L'opiomane, au contraire, indifférent au monde extérieur, reste tranquille, tant que sa passion demeure satisfaite et ne devient dangereux, surtout pour lui-même, que par les conséquences de son inactivité. Nous laissons de côté ici l'histoire médico-légale des périodes d'abstinence au cours desquelles l'opiomane, pour satisfaire son besoin de poison, devient capable de toutes les infractions pénales. Car il ne peut être question de cet ordre de faits dans le cas d'Ullmo : il n'a pas trahi pour se procurer de l'opium. Toutes les considérations précédentes s'appliquent d'ailleurs bien plus aux morphinomanes et aux opiophages qu'aux fumeurs d'opium. Car l'intoxication directe par la morphine en injections sous-cutanées ou par l'opium ingéré en nature, à doses fortes et répétées, exerce sur l'organisme des effets beaucoup plus désastreux que l'intoxication par la fumée d'opium.

Dans la fumée, en effet, l'intoxication est produite par l'inhalation des produits de distillation du huitième de l'opium constituant la pipe.

Dans le fourneau de la pipe, par des alternatives de combustion vive et de combustion en vase clos, se forment des produits volatils de distillation de l'opium qui ne renferment de la morphine qu'en infime quantité, à doses impondérables, sous forme de pyroméconate de morphine. La masse des produits volatils, dont une partie seulement est inhalée, est composée de gaz variés, oxyde de carbone, acide carbonique, etc., et surtout de bases pyridiques provenant, par distillation sèche, de la transformation des nombreux alcaloïdes de l'opium.

Ces bases pyridiques, par leur action dépressive sur le système nerveux, représentent un des produits les plus dangereux de la fumée d'opium. Ces données toxicologiques, qui résultent de travaux classiques (Moissan, A. Gauthier, etc.) et dont nous devons l'analyse et le commentaire au professeur G. Pouchet, de l'Académie de médecine, démontrent combien peuvent différer les effets toxiques de l'opium, suivant le mode de l'empoisonnement, et éclairent par là les variétés évolutives, pronostiques et médico-légales de chaque espèce d'intoxication.

Il résulte de ces considérations et de l'observation clinique que l'un des grands dangers de la fumerie d'opium est d'exposer le fumeur à l'ingestion d'opium, à l'*opiophagie*, et de le conduire par l'opiophagie à la pratique des injections sous-cutanées, à la *morphinomanie*.

L'expérience démontre, en effet, que la morphinomanie est beaucoup plus nocive dans ses effets et plus difficile à guérir que l'opiophagie et que celle-ci est elle-même d'un pronostic plus grave que l'intoxication par la pipe. Tous les observateurs compétents et nombre d'anciennes victimes de la pipe d'opium savent qu'on se guérit assez facilement de cette dangereuse habitude, tandis que l'on connaît la gravité pronostique de la morphinomanie

Le cas d'Ullmo, fumeur d'habitude et opiophage d'occasion, vient particulièrement à l'appui de ces conclusions, tant par la bénignité relative des effets morbides du poison inhalé à doses modérées et non progressives que par la guérison facile et rapide de l'intoxication.

Ullmo, qui était un fumeur régulier de doses modérées d'opium, n'était que très superficiellement atteint dans sa santé psychique et encore bien moins dans sa santé physique. Il ne nous a présenté, moins de quatre semaines après la cessation de l'opium, aucun indice spécifique d'opiomanie, aucun signe d'altération de la santé. L'histoire de sa conduite professionnelle, comme celle de ses actes criminels, révélées par l'instruction judiciaire démontrent, d'accord avec les conclusions de notre examen actuel, qu'Ullmo disposait de son intelligence et de sa volonté pour penser et pour agir.

S'il est vrai, comme il le prétend, que la première idée de trahison lui soit venue à la lecture d'un article de journal dans l'excitation ébrieuse de l'opium et que cette idée se soit ensuite dissipée dans l'intervalle des fumeries pour se représenter de nouveau à lui sous l'influence de la fumée toxique, il aurait dû, pour échapper à l'obsession de cette pensée criminelle, renoncer aux inhalations d'opium. Car l'ivresse n'est pas une excuse quand elle devient pour ainsi dire un moyen. Mais la preuve que la disposition au coupable dessein de trahir était, chez l'inculpé, personnelle et indépendante de l'opium, la preuve que la résolution de se procurer de l'argent par ce moyen était bien arrêtée chez lui en dehors de toute suggestion toxique, c'est que, sur le point d'abandonner son projet faute de pouvoir lier partie avec l'étranger, il l'a repris justement quand la réponse attendue est arrivée, au retour des grandes manœuvres, après un mois de privation de fumerie et trois semaines de sevrage absolu d'opium.

Les lacunes de la moralité, les tendances à faillir au devoir et à l'honneur doivent être considérées chez Ullmo comme antérieures aux habitudes de fumer l'opium. Le poison a pu, par son influence nuisible élective sur l'énergie, diminuer encore la volonté, le courage et l'esprit de résolution du sujet, pas assez cependant pour s'opposer chez lui à l'audacieuse initiative et à la poursuite laborieuse, six mois durant, d'un plan d'action plein de risques et de périls.

L'habitude de fumer l'opium doit être, chez Ullmo comme chez tous les opiomanes, interprétée comme un signe de faiblesse de la volonté et d'appétit anormal pour les toxiques enivrants. Il faut voir en cette habitude, comme dans toutes les appétences toxiques, non seulement la cause d'un empoisonnement nuisible, mais aussi l'effet d'une constitution psychique vicieuse.

A ce titre, l'opiomanie apparaît chez Ullmo comme un équivalent psychopathique de la passion du jeu, et on ne saurait s'étonner de constater ces impulsions passionnelles chez un sujet dont la conduite antérieure avait déjà mis en lumière la faiblesse de volonté et le manque de courage, avant que les derniers évènements aient démontré à quelles suprêmes défaillances morales pouvaient l'entraîner la tentation de l'argent et l'appétit des jouissances. Le trait dominant de la psychologie de l'inculpé est certainement l'incapacité de résister à la sollicitation de ses appétits ; nature sensuelle et paresseuse, il n'a pu se résoudre à renoncer aux jouissances que, durant les deux dernières années d'une vie facile et heureuse, il avait goûtées entre sa maîtresse et sa pipe d'opium.

Lorsqu'il a vu la misère imminente et la nécessité prochaine de renoncer à son genre d'existence, il a pris le parti que l'on sait ; et, dans cette résolution criminelle, il n'a pas seulement révélé qu'il manquait de sens moral, mais il a aussi montré qu'il avait l'âme d'un joueur et d'un fataliste : car c'est après avoir prévu les dangers et calculé les risques de son entreprise, qu'il a joué son honneur pour gagner une fortune.

Nous avons essayé d'établir les éléments psychologiques qui ont présidé chez Ullmo, au déterminisme de ses actes criminels. Parmi ces éléments, l'intoxication par l'opium ne figure point à titre de facteur déterminant, ni même de cause adjuvante. On ne peut l'invoquer, dans la psychogenèse de la trahison, que comme un agent secondaire et indirect qui n'a pu évidemment que diminuer l'énergie et le courage de l'officier, lorsqu'il s'est agi pour lui de changer son genre de vie et de rompre avec le passé : mais Ullmo n'a emprunté à l'opium, nous l'avons démontré, ni l'inspiration, ni la préparation de ses actes, ni surtout les ressources intellectuelles et volontaires nécessaires à leur exécution.

Avant de terminer ce Rapport, consacré, à l'occasion du cas particulier d'Ullmo, à l'étude de l'influence de l'opium sur la santé psychique, en général, nous avons suffisamment démontré le danger de l'opiomanie, pour signaler ici, avec tous les hygiénistes et tous les médecins, ce nouveau fait à l'attention des pouvoirs publics.

L'habitude de fumer l'opium, comme celle de boire des apéritifs et des spiritueux, devrait être interdite à tous les fonctionnaires en général et surtout à ceux qui, en matière de sûreté publique et de défense nationale, ont la responsabilité du commandement. L'opium, poison par excellence de l'énergie morale, agent destructeur de la volonté et de l'action sous toutes ses formes, devrait être défendu aux officiers.

L'alcoolisme, fléau par excellence des pays d'Occident, n'a cessé de progresser, surtout dans les pays, comme le nôtre, où la liberté de la vente des liqueurs essentielles et spiritueuses a multiplié les débits d'alcool et les occasions de boire.

L'opiomanie, fléau des pays d'Extrême-Orient, serait relativement facile à combattre chez nous, où le mal n'est encore qu'à ses débuts. Il suffirait que le gouvernement appliquât strictement, avec de sévères sanctions pénales à l'appui, la loi du 21 germinal an XI, complétée par l'ordonnance du 29 octobre 1846 (titre II, article V): « La vente des substances vénéneuses ne peut être faite, pour l'usage de la Médecine, que par le pharmacien et sur la prescription d'un médecin, chirurgien, etc.

« Cette prescription doit être signée, datée et énoncer en toutes lettres, la dose desdites substances, ainsi que le mode d'administration du médicament. »

Telle est d'ailleurs la conclusion à laquelle avait abouti, il y a quelques semaines, sur un rapport du professeur G. Pouchet et de M. le Conseiller d'Etat Bouffet, le Conseil Supérieur d'Hygiène, consulté par le ministère de la Marine, sur les moyens de supprimer ou de réglementer le débit de l'opium à fumer.

Arrivés au terme de ce Rapport nous formulons notre réponse aux questions posées par M. le Juge d'instruction, dans les conclusions suivantes :

CONCLUSIONS

1° Ullmo a pris l'habitude, depuis plusieurs années, de fumer l'opium à doses moyennes (3o à 4o pipes par jour, d'après lui), et, depuis plus de deux ans, non progressives.

Cette habitude a déterminé chez lui une intoxication légère dans son degré et bénigne dans ses conséquences.

En effet, à deux reprises, en juillet dernier, à l'occasion des manœuvres, et il y a deux mois lors de l'arrestation de l'inculpé, il a suffi de quelques jours de privation d'opium pour amener, sans phénomènes marqués d'abstinence, le sevrage de l'organisme et la guérison de l'intoxication.

De plus, la santé générale est excellente, et nous n'avons pu relever chez l'accusé, moins d'un mois après la cessation du poison, aucun symptôme physique ou psychique d'intoxication par l'opium.

2° L'opiomanie, pour les multiples raisons exposées dans ce Rapport, n'a pu oblitérer chez Ullmo la notion de ses devoirs. L'inculpé a, dans la préparation et l'accomplissement de ses desseins criminels, agi avec lucidité et conscience. Il a, pendant six mois, déployé au service de ses projets, des ressources intellectuelles et des efforts volontaires, qui démontrent que, dans la poursuite de ses plans, l'opium lui avait laissé le libre exercice de ses facultés et de ses moyens d'action.

L'opium a pu diminuer l'énergie et affaiblir le courage de l'officier, lorsqu'il s'est agi pour lui de restreindre ses dépenses et de renoncer à son genre de vie. Mais on saurait d'autant moins l'incriminer dans la genèse des actes de l'inculpé, que c'est après plus de deux semaines de sevrage absolu de la drogue, au terme des manœuvres de Juillet, que Ullmo a repris définitivement la poursuite de ses plans de trahison.

4° Le déterminisme des actes criminels de l'inculpé s'éclaire par la simple psychologie d'Ullmo. Celui-ci nous apparaît, d'une part, comme un sujet intelligent, cultivé, réfléchi, capable de réserve et de sang-froid. Mais, d'autre part, peut-être par le fait de l'hérédité psychopathique collatérale que nous avons relevée dans ses antécédents, Ullmo nous apparaît aussi comme pauvre en volonté, en énergie et en courage, incapable de résister à la sollicitation de ses appétits, et susceptible, pour la satisfaction de ses intérêts, des pires défaillances morales.

Paris, 17 décembre 1907.

RAYMOND.   DUPRÉ.   COURTOIS-SUFFIT.

.•.

Les débats continuèrent, après la lecture de l'acte d'accusation, par l'interrogatoire de l'accusé, les dépositions des témoins, le réquisitoire de M. le capitaine de vaisseau Schlumberger, réclamant un châtiment sans pitié pour le crime de trahison, et la plaidoirie de Mᵉ Antony Aubin. L'éminent avocat essaie de démontrer que l'article 76 du Code pénal n'est pas applicable à son client, coupable seulement du délit d'espionnage ; et, représentant Ullmo comme un jeune homme sans volonté, égaré par l'amour et affolé par le besoin d'argent, s'adresse à la pitié des juges et s'efforce d'obtenir leur clémence pour cette victime du jeu, de l'opium et surtout de sa mortelle passion pour Lison, à qui il a sacrifié son honneur et sa vie.

M. le Commissaire du Gouvernement, dans une courte réplique, conclut à la légitime application de l'article 76 du Code pénal à l'accusé ; et, après un suprême appel de l'avocat à la pitié du Tribunal, le Conseil, au bout de deux heures de délibération, prononce à l'unanimité la condamnation d'Ullmo à la déportation perpétuelle dans une enceinte fortifiée et à la dégradation militaire.

Le jugement déclare que les conclusions de la défense tendant à ce qu'il ne soit pas fait application de l'article 76 du Code pénal sur la trahison, mais de la loi de 1886 sur l'espionnage, ont été rejetées à l'unanimité.

Il dit ensuite que le Conseil a répondu :

« Oui », à l'unanimité, sur la question de savoir si Ullmo a entretenu des intelligences avec l'étranger ;

« Non », à l'unanimité, sur la question de savoir si ces intelligences ont été suivies d'exécution.

« Oui », à l'unanimité, sur la question de savoir si Ullmo a reproduit des documents secrets intéressant la sécurité de l'Etat, et qui, comme le dit l'ordre de mise en jugement, ne devaient pas être entre ses mains, car ils ne lui avaient pas été confiés.

A midi et demi, le jugement est lu à Ullmo devant la garde assemblée.

Le pourvoi en cassation, signé par le condamné, fut rejeté par la Cour suprême; et Ullmo, après avoir subi la dégradation militaire à Toulon, vient d'être dirigé sur la Guyane.

Désirant limiter l'exposé de l'affaire Ullmo à l'étude médico-légale de l'accusé et à la discussion du rôle de l'opiomanie dans le déterminisme de ses actes criminels, je ne m'étendrai pas ici, à propos de ce cas, étranger précisément au dossier criminel de l'opiomanie, sur l'histoire psychologique, médico-légale et hygiénique de l'intoxication par la fumée d'opium.

Sans revenir sur les considérations générales, exposées dans notre Rapport, sur la psycho-pathologie élective des grandes intoxications et particulièrement sur celle de l'opiomanie ainsi que sur les relations qui unissent l'intoxication par la pipe d'opium à l'opiophagie et à la morphinomanie, je m'élèverai au-dessus du cas particulier d'Ullmo, qui, petit fumeur et grand criminel, a tiré les éléments de sa forfaiture non pas d'une intoxication épisodique, mais de son amoralité constitutionnelle, et je terminerai cet article par les conclusions plus hautes et plus générales qui se dégagent de l'histoire psychiatrique et médico-légale de l'intoxication par la fumée d'opium.

L'habitude de la pipe d'opium, jadis spéciale aux Orientaux, et particulièrement aux sujets de race jaune, tend à se répandre en Europe par l'intermédiaire des colons qui l'importent d'Extrême-Orient.

Cette habitude offre un grave danger pour ses adeptes, qu'elle entraîne insensiblement à l'opiomanie chronique. Celle-ci altère profondément non seulement la santé physique, mais encore et surtout la santé psychique.

L'opium, poison par excellence de l'énergie morale, est un agent destructeur de la volonté, de l'initiative et de l'action sous toutes les formes. Il atteint ensuite les sentiments éthiques et affectifs, et altère enfin l'intelligence.

Le danger de cet empoisonnement ne réside donc pas dans l'éveil des tendances criminelles chez les opiomanes, sujets indifférents, apathiques et dégoûtés de l'action. Il réside dans l'anéantissement de la volonté, dans l'inertie morale et physique qu'il détermine, dans la condamnation de ses victimes à l'impuissance.

Le gouvernement, soucieux de la conservation de l'énergie nationale, doit donc, par la sévère application d'une loi déjà centenaire, puisqu'elle date de l'an XI, combattre, dans un pays déjà ravagé par l'alcool, le nouveau fléau de l'opium[1].

[1] J'adresse ici mes meilleurs remerciements à M. le Pr G. Pouchet, à M. le professeur agrégé Jeanselme, et à M. le comte A. de Pouvourville, membre du Conseil supérieur des Colonies, pour les renseignements de tout ordre, chimique, technique, ethnique, etc., qu'ils m'ont si obligeamment fournis, à l'occasion de cette étude médico-légale.

Lyon. — Imprimerie A. Rey et Cⁱᵉ, 4, rue Gentil. — 49543

www.ingramcontent.com/pod-product-compliance
Lightning Source LLC
Chambersburg PA
CBHW060745280326
41934CB00010B/2360